ICH RECHNE MIT!
Lehrbuch Klasse 1

Klaus-Peter Käding, Friedhelm Käpnick
Dieter Schmidt, Hans-Günter Senftleben

Bilder: Eberhard Binder, Karl-Heinz Wieland

Volk und Wissen Verlag

Unser erster Schultag

Einsortieren in Schultasche, Sporttasche, Waschtasche oder Schultüte

Orientieren im Raum und Erkennen von Lagemöglichkeiten:
rechts, links, geradeaus, oben, unten, vorn, hinten

*Orientieren im Raum und Erkennen von Lagemöglichkeiten:
oben, unten, rechts, links, vorn, hinten*

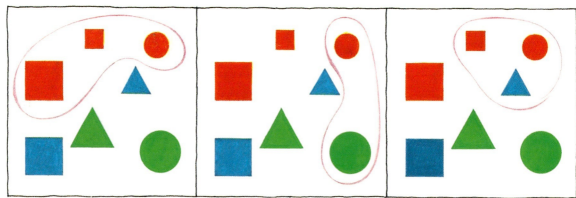
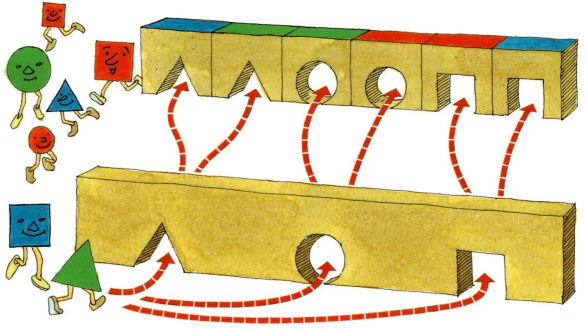

Vergleichen, Unterscheiden, Sortieren von Gegenständen

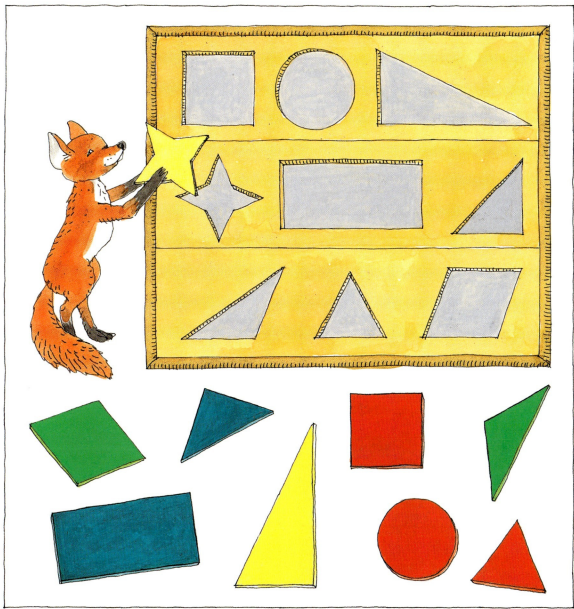

Einsortieren; Verwenden von rund, eckig, dreieckig, viereckig

Vergleichen von Mengen; Verwenden von „mehr als", „weniger als", „gleich viel"

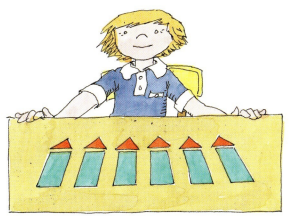
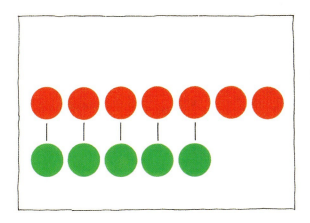

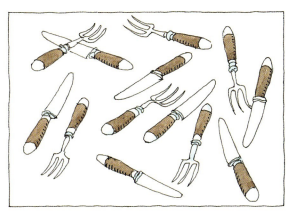

Vergleichen von Mengen; Verwenden von „mehr als", „weniger als", „gleich viel"

Die Zahlen 1 bis 6

Die Zahl 1

Die Zahl 2

Die Zahl 3

 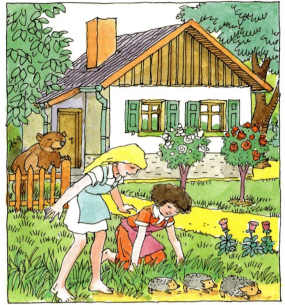

2 ☐ ☐ ☐ ☐ ☐

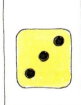 

3   2   ☐   2

 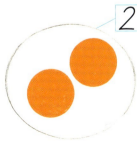  

Die Zahlen 1 bis 3

Die Zahl 4

Die Zahlen 1 bis 4

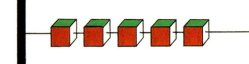  

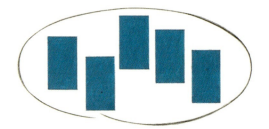  

Die Zahl 5

Die Zahlen 1 bis 5;
Erkennen von Unterschieden (Suchbild oben)

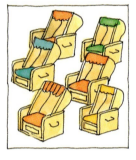   

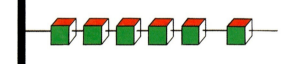  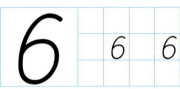

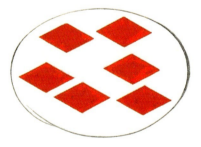  

Die Zahl 6

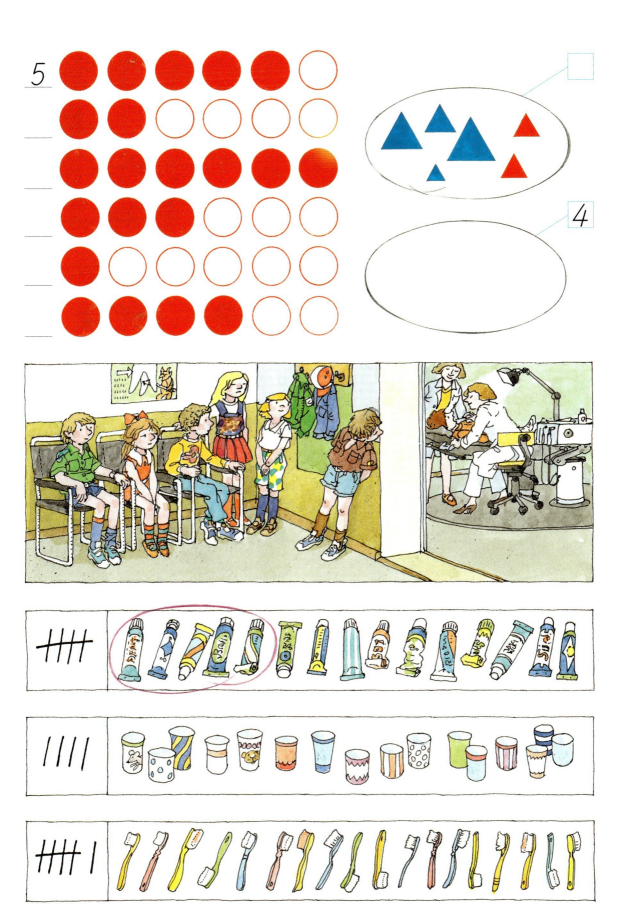

Die Zahlen 1 bis 6

Vergleichen der Zahlen 1 bis 6

2 > 1

20 | Vergleichen von Zahlen; Verwenden von „ist größer als" (>)

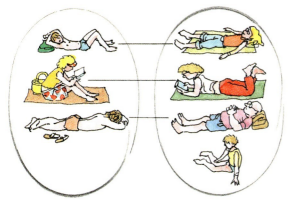

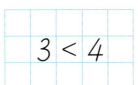

2 < 5

☐ < ☐

☐ < ☐

Vergleichen von Zahlen; Verwenden von „ist kleiner als" (<)

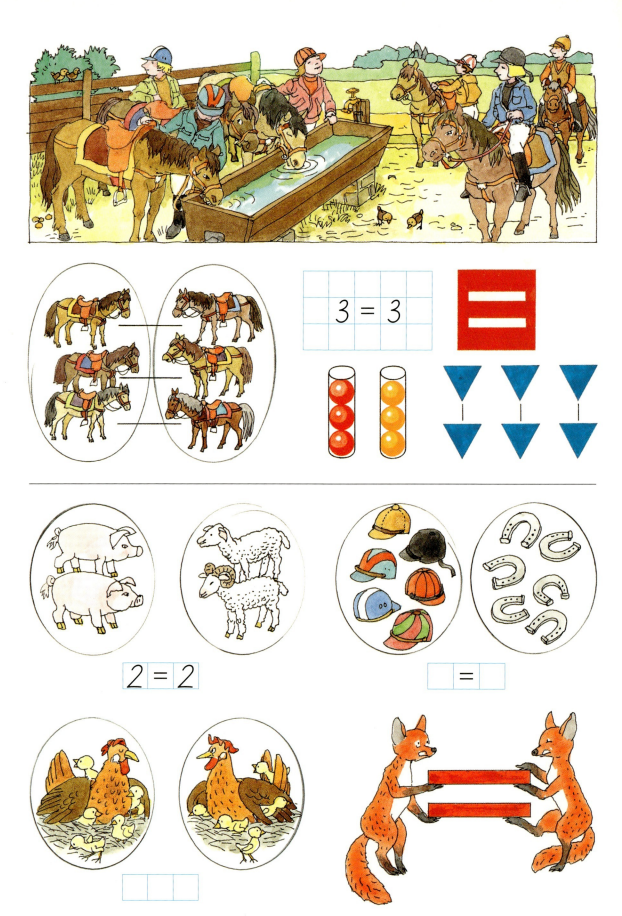

22 | Vergleichen von Zahlen; Verwenden von „ist gleich" (=)

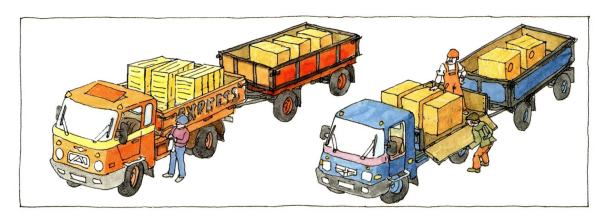

❶ 5 > 1
　 5 > ▢
　 2 < 3
　 2 < ▢
　 4 = ▢
　 ▢ = ▢

❷ 1 ◯ 4
　 4 ◯ 3
　 6 ◯ 5
　 1 ◯ 2
　 5 ◯ 5
　 2 ◯ 6

❸

❹ ▢ < 3
　 1 < ▢
　 ▢ < ▢
　 ▢ > 2
　 4 > ▢

❺ 3 ◯ 6
　 1 ◯ 6
　 3 ◯ 2
　 3 ◯ 1
　 4 ◯ 5

❻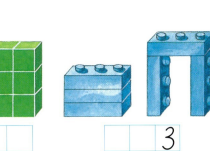

Verwenden von „ist größer als" (>), „ist kleiner als" (<), „ist gleich" (=)

Addieren bis 6

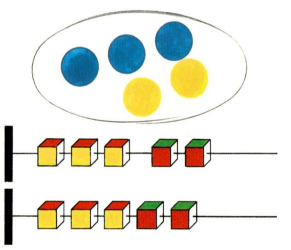

3 + 2 = 5

☐ + ☐ = ☐

☐ + ☐ = ☐

24 | *Verwenden des Zeichens „+" für „plus"*

☐ + ☐ = ☐   ☐ + ☐ = ☐   ☐ + ☐ = ☐

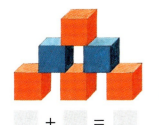   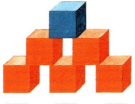      

☐ + ☐ = ☐   ☐ + ☐ = ☐   ☐ + ☐ = ☐   ☐ + ☐ = ☐

---

❶ 2 + 1 =   ❷ 1 + 1 =   ❸ 1 + 2 =
   1 + 3 =   2 + 3 =   3 + 1 =
   2 + 2 =   1 + 4 =   3 + 2 =
   4 + 1 =   2 + 4 =   4 + 2 =
   3 + 3 =   5 + 1 =   1 + 5 =

Erzählen von Rechengeschichten; Bilden und Lösen von „Plus-Aufgaben"

Subtrahieren bis 6

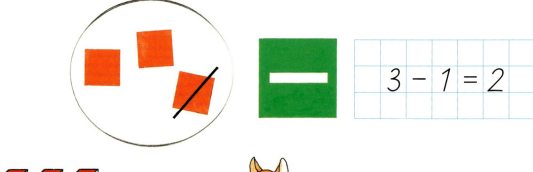

$3 - 1 = 2$

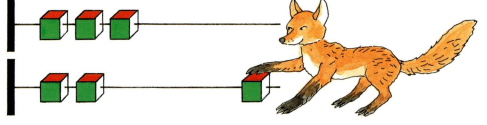

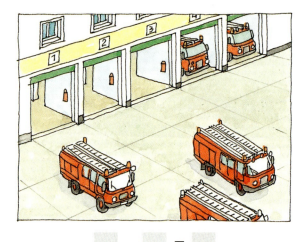

☐ − ☐ = ☐

☐ − ☐ = ☐

Verwenden des Zeichens „−" für „minus"

⬚ – ⬚ = ⬚   ⬚ – ⬚ = ⬚   ⬚ – ⬚ = ⬚

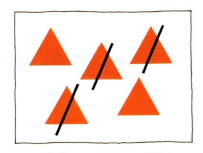

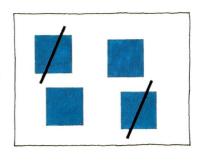

⬚ – ⬚ = ⬚   ⬚ – ⬚ = ⬚   ⬚ – ⬚ = ⬚

❶ 2 – 1 =
   3 – 2 =
   4 – 3 =
   6 – 1 =
   5 – 2 =

❷ 4 – 2 =
   6 – 3 =
   5 – 1 =
   6 – 4 =
   5 – 3 =

Erzählen von Rechengeschichten; Bilden und Lösen von „Minus-Aufgaben"

Die Zahl 0

3 − 1 = 2

3 − 2 = 1

3 − 3 =

3   2   1   0

Addieren und Subtrahieren bis 6

❶

2 + 3 =   5 − 4 =

❷ 2 + 4 =   4 − 1 =   2 + 0 =   3 − 2 =
4 + 0 =   6 − 5 =   5 − 2 =   0 + 4 =
0 + 5 =   5 − 3 =   3 − 1 =   6 − 2 =
5 + 1 =   6 − 0 =   1 + 5 =   2 + 2 =

❸
3 + ☐ = 6
4 + ☐ = 5
2 + ☐ = 6
2 + ☐ = 3

3 + ☐ = 4

❹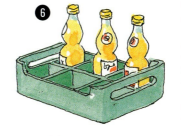
☐ + 3 = 5
☐ + 1 = 4
☐ + 4 = 4
☐ + 0 = 2

☐ + 2 = 5

❺
4 − ☐ = 3
6 − ☐ = 0
5 − ☐ = 3
2 − ☐ = 1

5 − ☐ = 1

❻
☐ − 3 = 2
☐ − 4 = 1
☐ − 2 = 3
☐ − 1 = 5

☐ − 3 = 3

1

1 + ▢ + ▢ = ▢   ▢ + ▢ + ▢ = ▢   ▢ + ▢ + ▢ = ▢

2 1 + 2 + 1 =   2 + 2 + 2 =   1 + 1 + 4 =
3 + 0 + 3 =   3 + 1 + 0 =   2 + 3 + 1 =
1 + 2 + 3 =   4 + 0 + 1 =   1 + 3 + 2 =
0 + 4 + 2 =   1 + 2 + 2 =   0 + 5 + 1 =

3

▢ − ▢ − ▢ = ▢   ▢ − ▢ − ▢ = ▢

4 4 − 1 − 1 =   4 − 2 − 0 =   6 − 3 − 1 =
5 − 2 − 2 =   6 − 1 − 2 =   5 − 2 − 0 =
6 − 4 − 2 =   5 − 3 − 2 =   4 − 1 − 2 =
3 − 0 − 1 =   6 − 2 − 3 =   6 − 5 − 1 =

5*

4 − 1 + 1 =   0 + 5 − 4 =
2 − 0 + 2 =   6 + 0 − 3 =   3 + 2 − 1 =

Addieren und Subtrahieren bis 6

Erzählen von Rechengeschichten; Bilden und Lösen von Aufgaben

Die Zahlen 7 bis 10

 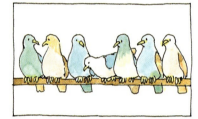 

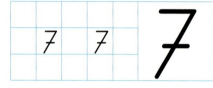 

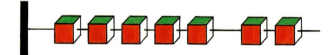

 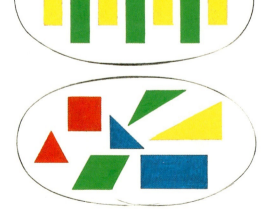

Die Zahl 7

Die Zahlen 0 bis 7

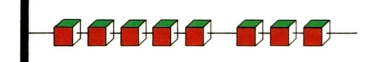 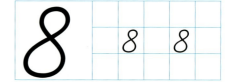

Die Zahl 8

Die Zahlen 0 bis 8

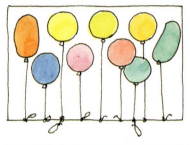

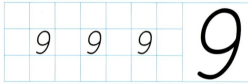

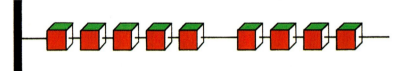

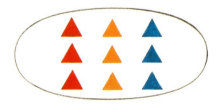

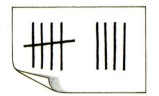

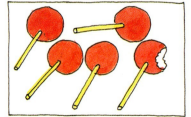

Die Zahl 9

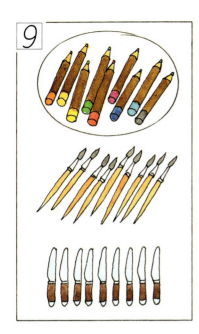

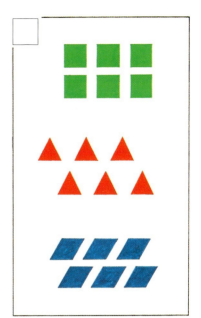

Die Zahlen 0 bis 9

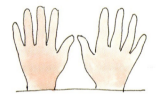

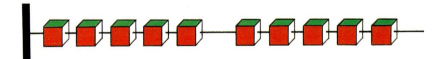
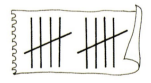

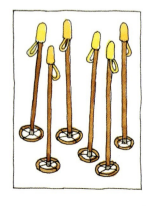
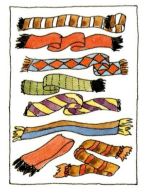

Die Zahl 10

2

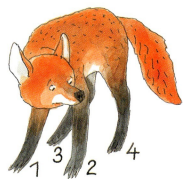

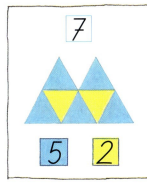
7
5 2

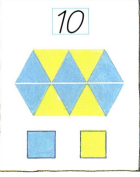
10

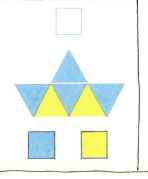

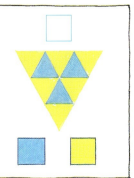

Die Zahlen 0 bis 10

Vergleichen der Zahlen bis 10

6 ◯ 9

6 ◯ 3

2 < 4

Verwenden von „ist kleiner als" (<), „ist größer als" (>)

❶

6 < 10

❷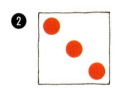

❸ 4 < 9   ❹ 10 >   ❺   > 8
     < 9   10 >   < 8
     < 9   10 >   < 8
     < 9   10 >   > 8

❻ 3   7   ❼ 7 =
   5   2   6 >
   7   10   5 <
   6   7   2 <

Verwenden von „ist kleiner als", „ist größer als", „ist gleich"

Vorgänger und Nachfolger einer Zahl

3 ist **Vorgänger** von 4.
5 ist **Nachfolger** von 4.
4 liegt zwischen 3 und 5.

Vorgänger	Nachfolger	Nachfolger
☐ 3	3 ☐	8 ☐

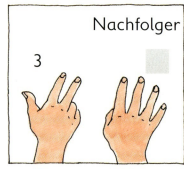
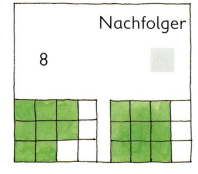

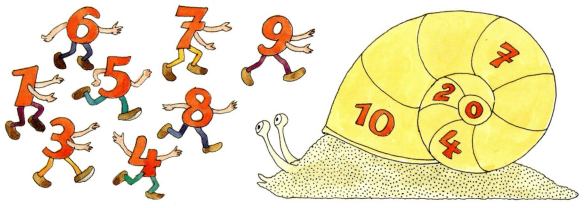

Der Zahlenstrahl

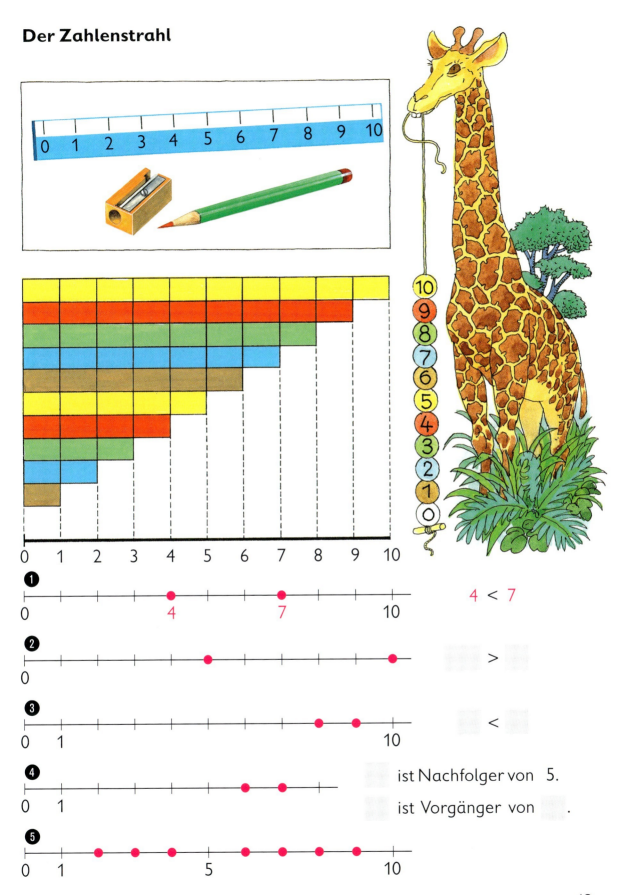

4 < 7

⬜ > ⬜

⬜ < ⬜

⬜ ist Nachfolger von 5.

⬜ ist Vorgänger von ⬜.

Ordnungszahlen

1. 2. 3. 4. 5. 6. 7. 8. 9. 10.

☐ ☐ ☐ 4. 3. ☐ 2. ☐ 6.

☐ ☐ ☐ ☐ ☐ ☐ ☐ ☐ ☐ ☐

Bestimmen der Reihenfolge

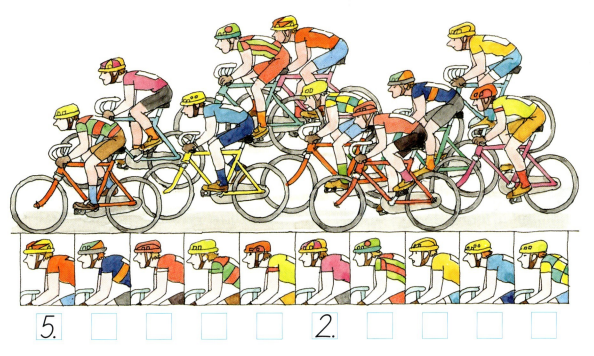

5. ☐ ☐ ☐ ☐   2. ☐ ☐ ☐ ☐ ☐

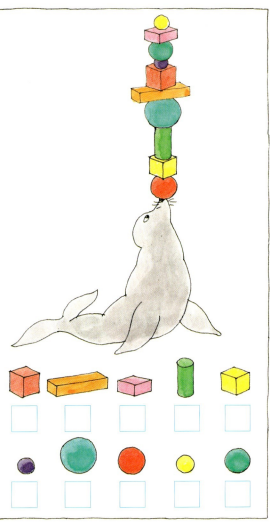

Bestimmen der Reihenfolge

Addieren bis 10

3 + 3 = ☐

☐ + ☐ = 7

4 + ☐ = ☐

☐ + ☐ = ☐

☐ + ☐ = ☐

☐ + ☐ = ☐

☐ + ☐ = ☐

☐ + ☐ = ☐   ☐ + ☐ = ☐   ☐ + ☐ = ☐

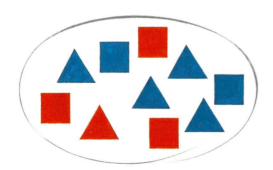

☐ + ☐ = ☐

❶

+ 5

0 1 **2** 3 4 5 6   8 9 10   2 + 5 =

+ 6

0 1 2 **3** 4 5 6 7   10   3 + 6 =

0 1 2 3 **4** 5 6 7 **8** 9 10   4 +   = 8

---

❷ 3 + 7 =   ❸ 4 + 5 =   ❹ 5 +   = 7

6 + 3 =   7 + 0 =   3 +   = 10

9 + 0 =   1 + 6 =   7 +   = 9

5 + 5 =   3 + 5 =   1 +   = 6

1 + 8 =   6 + 4 =   8 +   = 8

Addieren unter Verwendung des Zahlenstrahls

Subtrahieren bis 10

10 − 2 = ☐   ☐ − ☐ = 6

8 − ☐ = ☐   ☐ − ☐ = ☐

☐ − ☐ = ☐   ☐ − ☐ = ☐

☐ − ☐ = ☐

1

7 − 3 = 4

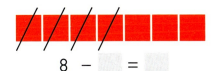

8 − =

− =

− =

2

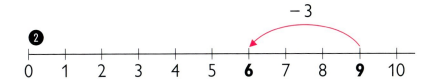

9 − 3 = 6

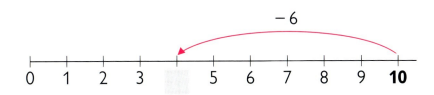

10 − 6 =

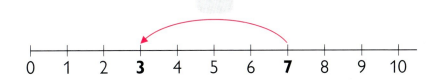

7 − = 3

3 10 − 2 =

7 − 5 =

6 − 6 =

4 8 − 7 =

10 − 3 =

9 − 4 =

5 9 − 5 =

7 − 2 =

8 − 8 =

6 6 − = 5

7 − = 0

10 − = 1

7 8 − = 6

10 − = 5

5 − = 1

8 7 − = 6

9 − = 0

6 − = 3

Subtrahieren unter Verwendung des Zahlenstrahls

Addieren und Subtrahieren bis 10

❶ 3 + 1 = ☐   ❷ 4 − 3 = ☐
   3 + 7 = ☐   9 − 1 = ☐
   5 + 5 = ☐   6 − 6 = ☐
   4 + 6 = ☐   7 − 0 = ☐
   2 + 8 = ☐   8 − 3 = ☐

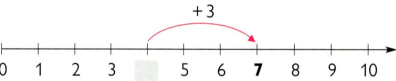

☐ + 3 = 7

0 1 2 3 ☐ 5 6 **7** 8 9 10

❸ ☐ + 2 = 3   ❹ ☐ + 4 = 7   ❺ ☐ + 5 = 10
   ☐ + 4 = 9   ☐ + 3 = 5   ☐ + 2 = 10
   ☐ + 5 = 5   ☐ + 7 = 8   ☐ + 8 = 10
   ☐ + 3 = 6   ☐ + 1 = 6   ☐ + 7 = 10
   ☐ + 0 = 7   ☐ + 6 = 9   ☐ + 4 = 10

−2

0 1 2 3 4 5 **6** 7 ☐ 9 10

☐ − 2 = 6

❻ ☐ − 5 = 2   ❼ ☐ − 5 = 0   ❽ ☐ − 3 = 7
   ☐ − 0 = 5   ☐ − 3 = 3   ☐ − 8 = 2
   ☐ − 6 = 2   ☐ − 0 = 9   ☐ − 1 = 1
   ☐ − 1 = 8   ☐ − 4 = 2   ☐ − 4 = 3
   ☐ − 9 = 0   ☐ − 1 = 6   ☐ − 0 = 0

❶ 3 + 2 = 　❷ 3 + 3 = 　❸ 4 + 5 =
4 + 2 = 　3 + 4 = 　4 + 4 =
5 + 2 = 　3 + 5 = 　4 + 3 =
6 + 2 = 　3 + 6 = 　4 + 2 =

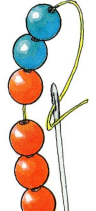

❹ 6 − 3 = 　❺ 8 − 4 = 　❻ 6 − 3 =
7 − 3 = 　8 − 5 = 　6 − 2 =
8 − 3 = 　8 − 6 = 　6 − 1 =
9 − 3 = 　8 − 7 = 　6 − 0 =

<, > oder = ?

❼
4 + 2 > 3	1 + 4 6	6 + 2 6
3 + 2 5	5 + 3 7	2 + 5 8

❽
4 − 1 4	6 − 3 3	9 − 2 6
5 − 2 3	4 − 4 4	8 − 3 5

❾ 1 + 3 < 5   ❿ 9 − 8   0
3 + 6   7   8 − 6   2
4 + 2   6   7 − 7   1

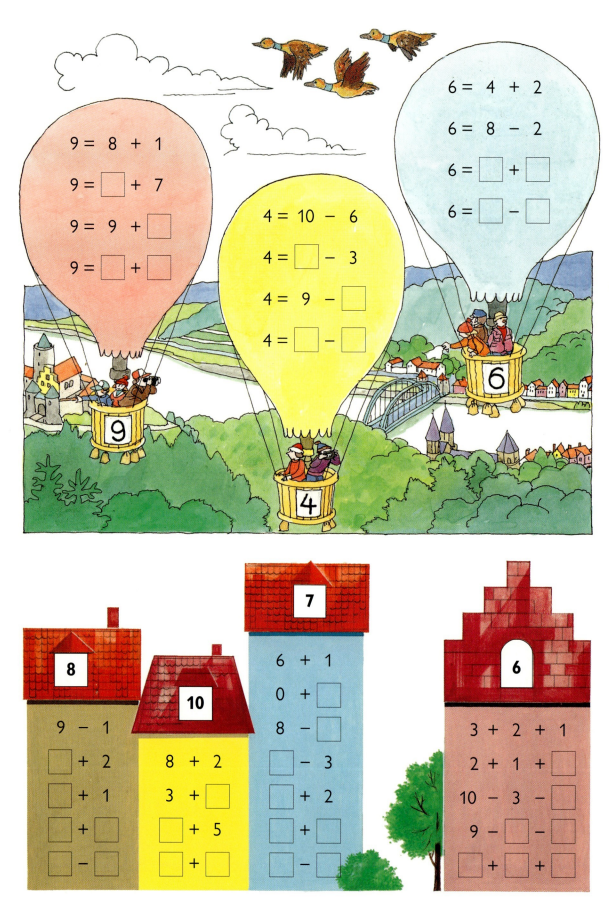

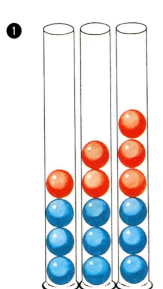

❶

+	1	2	3
3	4		

❹

−	1	2	3
7	6		

❷

+	1	2	5	6	7
2					

❺

−	0	2	3	7	8
9					

❸

+	3	0	4	2	5
4					
5					

❻

−	5	1	3	6	0
10					
8					

<, > oder = ?

❼ 2 + 4 ● 7
7 + 2 ● 9
8 + 1 ● 5
4 + 0 ● 4
3 + 4 ● 6

❽ 7 − 3 ● 4
5 − 5 ● 1
9 − 1 ● 7
8 − 0 ● 8
10 − 3 ● 9

❾ 1 + 7 ● 9
5 − 4 ● 1
6 + 3 ● 8
10 − 4 ● 6
9 − 2 ● 6

Arbeiten mit Rechentafeln; Vergleichen

Tauschaufgaben

1 + 3 = 4

3 + 1 = 4

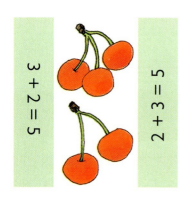
3 + 2 = 5
2 + 3 = 5

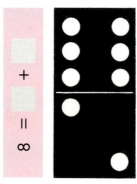
☐ + ☐ = 8
☐ + ☐ = 8

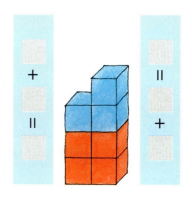
☐ + ☐ = ☐
☐ + ☐ = ☐

❶

☐ + ☐ = 10
☐ + ☐ = ☐

❷ 7 + 1 = ☐
1 + 7 = ☐

8 + 2 = ☐
2 + 8 = ☐

6 + 3 = ☐
3 + 6 = ☐

❸ 4 + 5 = ☐
☐ + ☐ = ☐

9 + 0 = ☐
☐ + ☐ = ☐

3 + 7 = ☐
☐ + ☐ = ☐

❹ ☐ + ☐ = 6
☐ + ☐ = ☐

☐ + ☐ = 7
☐ + ☐ = ☐

☐ + ☐ = 8
☐ + ☐ = ☐

Umkehraufgaben

10 − 2 = 8   8 + 2 = 10

❶ 6 − 2 =   4 − 3 =   8 − 5 =
     + 2 = 6   + 3 = 4   + 5 = 8

❷ 3 + 5 =   1 + 7 =   9 + 0 =
     − 5 =   − 7 = 1   − 0 = 9

❸ 9 − 1 =   ❹ 5 +   =   ❺   − 3 =
     + 1 = 9   − 2 =   +   =
   9 − 8 =   2 +   =   − 5 =
     + 8 = 9   7 −   =   +   =

Addieren und Subtrahieren bis 10

❶    ❷    ❸

6 + 2 = ☐   ☐ + ☐ = 10   ☐ + ☐ = ☐
2 + 6 = ☐   ☐ + ☐ = 10   ☐ + ☐ = ☐
8 − 6 = ☐   10 − ☐ = ☐   ☐ − ☐ = ☐
8 − 2 = ☐   10 − ☐ = ☐   ☐ − ☐ = ☐

❹

Haus 9:
3 + 6
7 + ☐
9 + ☐
5 + ☐
☐ + ☐

Haus 6:
6 + ☐
5 + ☐
4 + ☐
3 + ☐
☐ + ☐

Haus 4:
10 − ☐
5 − ☐
7 − ☐
8 − ☐
☐ − ☐

Haus 3:
3 − ☐
4 − ☐
5 − ☐
6 − ☐
7 − ☐

❺
+	3	0	2	1
6	9			
3				

❻
−	1	4	6	3
8				
6				

❼
+	3	5	1	4
2				
0				
5				

❽
−	2	0	5	7
7				
10				
9				

❶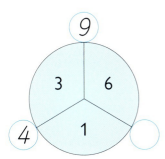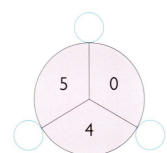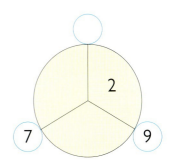

❷ 4 + ☐ < 10
4 + ☐ < 10
4 + ☐ < 10
4 + ☐ < 10

❸ 9 − ☐ > 5
9 − ☐ > 5
9 − ☐ > 5
9 − ☐ > 5

❹* 8 − ☐ > 5
7 + ☐ > 4
9 − ☐ < 8
3 + ☐ < 7

❺ 4 + 3 + 2 = ☐
1 + 0 + 5 = ☐
2 + 6 + 1 = ☐
0 + 2 + 4 = ☐

❻ 9 − 1 − 3 = ☐
6 − 4 − 0 = ☐
8 − 2 − 5 = ☐
7 − 0 − 7 = ☐

❼* 3 + 4 + ☐ = 10
8 − 3 − ☐ = 0
5 − 2 + ☐ = 7
2 + 6 − ☐ = 0

❽

Ergänze!

3. Zahl	6
7. Zahl	
10. Zahl	
4. Zahl	
9. Zahl	

Zähle zusammen!

3. und 7. Zahl   6 + ☐ = ☐
10. und 4. Zahl   ☐ + ☐ = ☐
9. und 3. Zahl   ☐ + ☐ = ☐
3. und 4. Zahl   ☐ + ☐ = ☐
7. und 10. Zahl   ☐ + ☐ = ☐

EINGABE   AUSGABE   EINGABE   AUSGABE

3 —+6→ 9   10 —−8→ 2

❶ 7 —+2→ ☐   ❸ 5 —−3→ ☐

   6 —+4→ ☐   9 —−6→ ☐

   3 —☐→ 8   8 —☐→ 4

❷ ☐ —+4→ 5   ❹ ☐ —−1→ 8

   ☐ —+0→ 9   ☐ —−0→ 3

   5 —+3→ ☐   ☐ —−5→ 0

   8 —☐→ 10   7 —☐→ 3

Arbeiten mit Rechenbefehlen

1

E	+3 → A
7	
3	
	9
	3

2

E	−4 → A
8	
4	
	6
	1

3

3 —+2→ 5 ——→

4
2 —+3→ ☐ —+5→ ☐
4 ——→ 6 ——→ 9
1 —+7→ ☐ —−8→ ☐
3 ——→ 9 ——→ 4

5
8 —−4→ ☐ —−2→ ☐
9 ——→ 5 ——→ 5
7 —−4→ ☐ —+3→ ☐
6 ——→ 1 ——→ 4

6

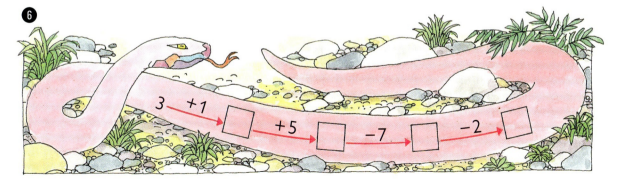

3 —+1→ ☐ —+5→ ☐ —−7→ ☐ —−2→ ☐

Arbeiten mit Rechenbefehlen

❶ Immer 3

❷ Immer 9

❸ Bilde Aufgaben!

Lösen von Zahlenrätseln

Erzählen von Rechengeschichten; Bilden und Lösen von Aufgaben

Geldwerte bis 10 ct

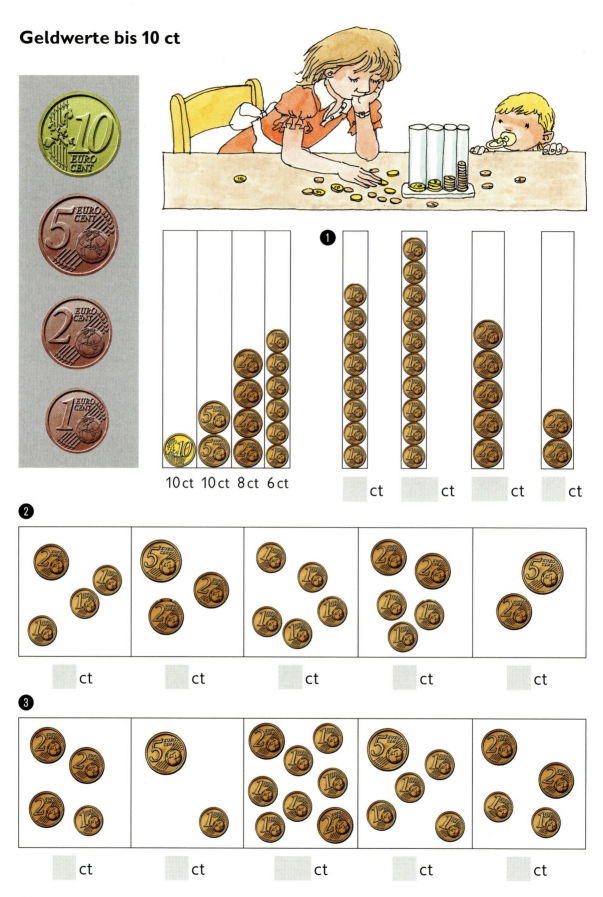

Zusammenstellen von Geldbeträgen bis 10 ct mit Münzen

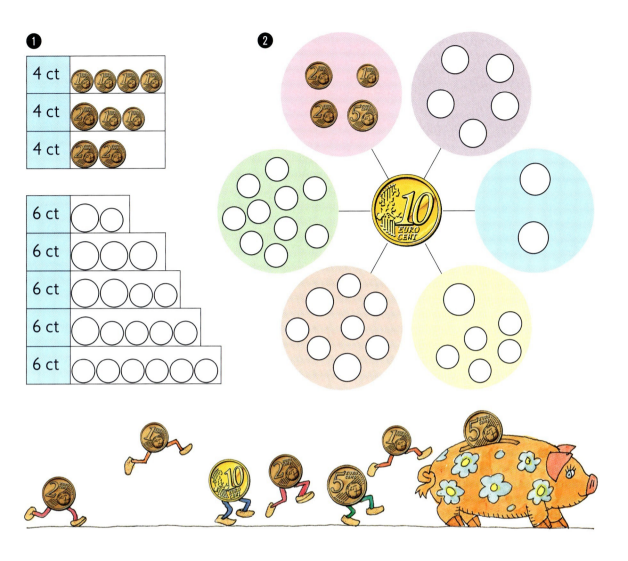

❸ 5 ct + 3 ct =   ct
2 ct + 4 ct =   ct
4 ct + 5 ct =   ct
6 ct + 3 ct =   ct

❹ 7 ct + 2 ct =   ct
3 ct + 6 ct =   ct
2 ct + 8 ct =   ct
5 ct + 5 ct =   ct

❺ 9 ct − 4 ct =   ct
8 ct − 5 ct =   ct
5 ct − 1 ct =   ct
6 ct − 2 ct =   ct

❻ 10 ct − 7 ct =   ct
4 ct − 2 ct =   ct
8 ct − 6 ct =   ct
7 ct − 5 ct =   ct

*Legen desselben Geldbetrages mit verschiedenen Münzen;
Verwenden des Rechengeldes beim Rechnen mit Geldbeträgen*

Geldwerte von 1 € bis 10 €

❶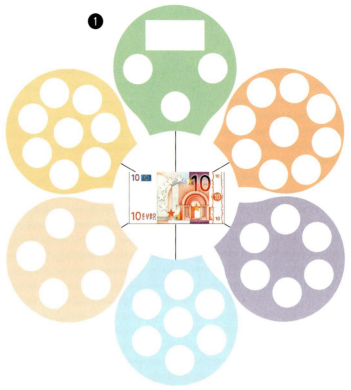

❷

❸
8 € + 1 € = ☐ €
3 € + 3 € = ☐ €
6 € + 2 € = ☐ €
3 € + 5 € = ☐ €
1 € + 4 € = ☐ €

❹
6 € − 3 € = ☐ €
5 € − 3 € = ☐ €
7 € − 4 € = ☐ €
9 € − 6 € = ☐ €
3 € − 3 € = ☐ €

*Zusammenstellen von Geldbeträgen bis 10 € mit Münzen;
Verwenden des Rechengeldes beim Rechnen mit Geldbeträgen*

❶ Wie viel Geld bekommt Tom zurück?

❷ Was kannst du für 10 € kaufen?

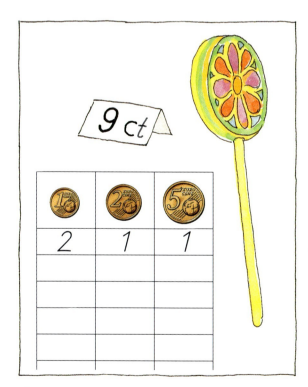

❸ Bezahle auf verschiedene Weise!

❹ Wie viel Geld fehlt noch?

Erzählen von Rechengeschichten; Bilden und Lösen von Aufgaben

Gekrümmte und gerade Linien

Gekrümmte Linien

Gerade Linien

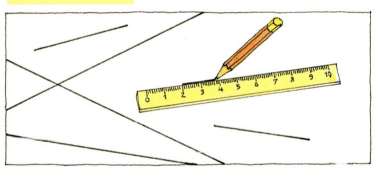

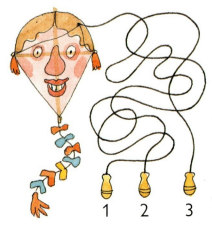

1   2   3

BEATE   DIANA   DIRK

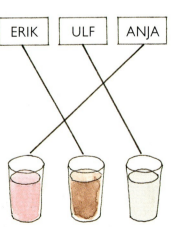

ERIK   ULF   ANJA

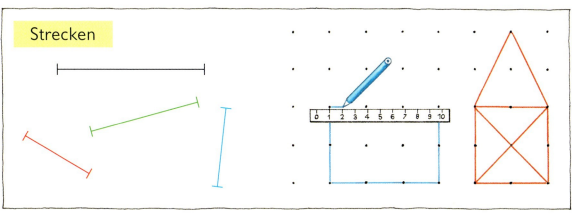

Strecken

Strecken finden wir überall.

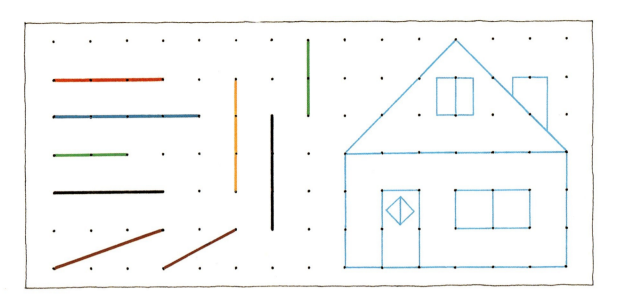

Wir vergleichen Strecken.

Die rote Strecke **ist kürzer als** die blaue Strecke.
Die rote Strecke **ist länger als** die grüne Strecke.
Die rote Strecke **ist genau so lang** wie die schwarze Strecke.

❶ Finde an den Teilen deines Figurensatzes gleich lange Strecken!

❷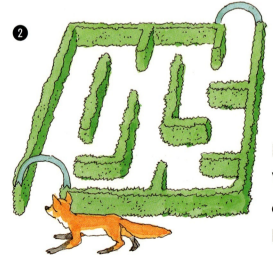

Finde weitere Wege durch den Irrgarten!

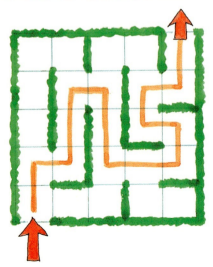

Verwenden von „ist kürzer als", „ist länger als", „ist genau so lang wie" beim Vergleichen von Strecken

Zentimeter

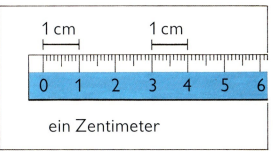

ein Zentimeter

❶

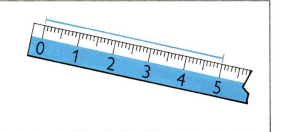

Die rote Strecke ist ___ cm lang.

Die blaue Strecke ist ___ cm lang.

❷ Miss die Längen!

Messen von Streckenlängen in cm

Die Zahlen 11 bis 20

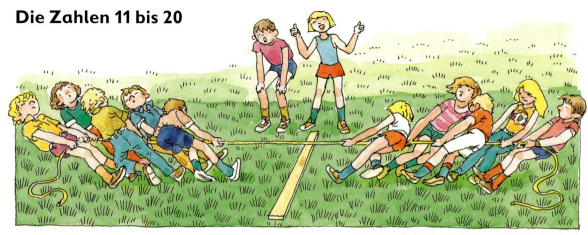

10 + 2

Zehner	Einer
1	2

10 +

Z	E
1	

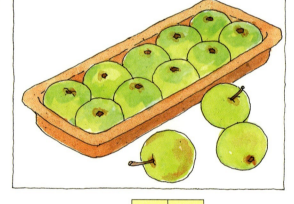

 + 3

Z	E
	3

 +

Z	E

 +

Z	E

Erkennen der Zehner und Einer

❶ Wir fassen immer 10 zusammen.

Z	E
1	7

Z	E

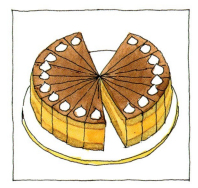

Z	E

Z	E

Z	E

❷ Male im Heft Kästchen aus!

Z	E
1	8

Z	E
1	4

Z	E
1	9

Z	E
1	2

❸ Lege mit Plättchen!

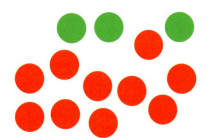

Z	E
1	3

Z	E
2	0

Z	E
1	6

Z	E
1	1

Darstellen der Zehner und Einer

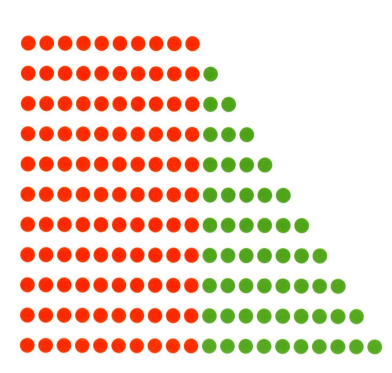

Z E	Zahlwort
10	zehn
11	elf
12	zwölf
13	dreizehn
14	vierzehn
15	fünfzehn
16	sechzehn
17	siebzehn
18	achtzehn
19	neunzehn
20	zwanzig

❶ Ergänze!

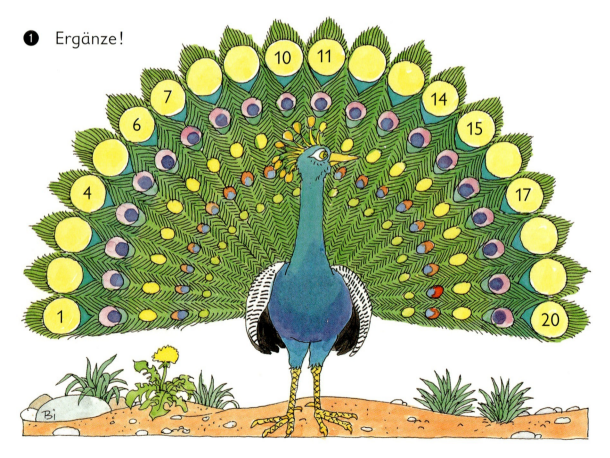

❷ Zähle von 9 bis 16, von 12 bis 19, von 12 bis 7, von 18 bis 11!

Vergleichen und Ordnen der Zahlen bis 20

4 > 1
14 > 11

❶

14 < 17

❷   <

❸

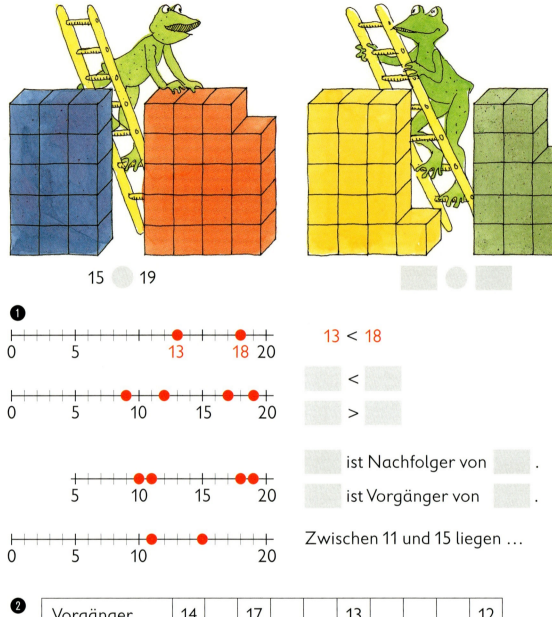

15 ⬤ 19

⬤ ⬤ ⬤

❶

13 < 18

☐ < ☐

☐ > ☐

☐ ist Nachfolger von ☐ .

☐ ist Vorgänger von ☐ .

Zwischen 11 und 15 liegen …

❷

Vorgänger	14		17		13			12
Zahl	15	11		9		10		
Nachfolger	16			12			20	13

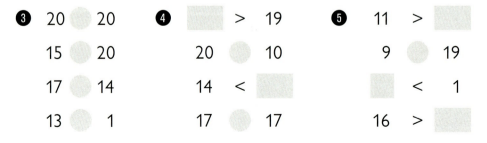

74 | *Vergleichen der Zahlen bis 20; Ermitteln von Nachbarzahlen*

❶ Ergänze!

❷ Zähle in Zweierschritten

von 8 bis 18,   von 5 bis 17,   von 16 bis 4!

❸ Ordne!

Beginne mit der kleinsten Zahl. 16, 9, 12, 17, 13, 14, 11, 10

Beginne mit der größten Zahl. 18, 14, 6, 15, 20, 9, 10, 16

❹ Ergänze!

❺ Welche Farbe hat die 13. (17., 8., 11.) Perle?

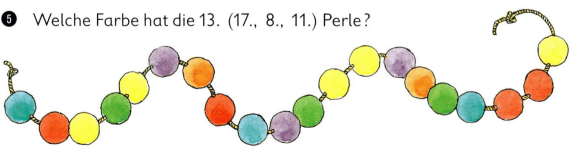

Ordnen der Zahlen bis 20; Ordnungszahlen

Addieren und Subtrahieren bis 20

10 + 2 = 12

1

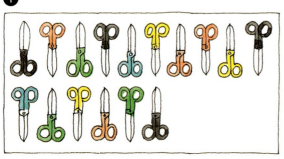

10 + 6 =

⬚ + ⬚ = ⬚

2 10 + 5 =   10 + 1 =   3 + 10 =
     10 + 4 =   10 + 7 =   8 + 10 =
     10 + 8 =   10 + 9 =   9 + 10 =

3

4 10 $\xrightarrow{+6}$ 10 $\xrightarrow{+4}$ 10 $\xrightarrow{+9}$ 10 $\xrightarrow{}$ 13

$$3 + 2 = 5$$
$$13 + 2 = 15$$

❶ 5 + 1 =   4 + 4 =   ❷ 2 + 7 =   1 + 6 =
   15 + 1 = 14 + 4 =   12 + 7 = 11 + 6 =

$$15 + 2 = 17$$
$$2 + 15 = 17$$

❸ 12 + 4 =   15 + 3 =   2 + 16 =
   4 + 12 =   ___ + ___ =   ___ + ___ =

❹

Addieren ohne Zehnerüberschreitung

$$4 - 3 = 1$$
$$14 - 3 = 11$$

❶ 7 − 2 =   4 − 1 =   ❷ 6 − 3 =   9 − 9 =
17 − 2 =   14 − 1 =   16 − 3 =   19 − 9 =

❸ 12 − 1 =   ❹ 14 − 2 =   ❺
13 − 3 =   17 − 3 =
19 − 2 =   18 − 8 =

−	4	3	2	1	0
15					
18					

❻

Bridge: 16 20 19 17 6

❼

Bridge: 10 18 17 16 15

❽ $15 \underset{+3}{\overset{-3}{\rightleftarrows}} 12$ $16 \underset{+4}{\overset{-4}{\rightleftarrows}}$ ☐ $18 \rightleftarrows 12$ $17 \rightleftarrows 11$

Subtrahieren ohne Zehnerüberschreitung

❶ 10 + 3 =   ❷ 6 + 12 =   ❸ 13 + 4 =
16 + 2 =   0 + 15 =   5 + 11 =
14 + 4 =   7 + 11 =   18 + 0 =
19 + 0 =   2 + 14 =   2 + 17 =

13 + 3 + 2 =

❹ 14 + 2 + 1 =   ❺ 16 + 3 + 0 =
17 + 0 + 2 =   12 + 1 + 2 =
11 + 4 + 3 =   15 + 2 + 1 =

❻ 14 − 4 =   ❼ 19 − 5 =   ❽ 18 − 7 =
16 − 2 =   13 − 0 =   12 − 1 =
14 − 0 =   16 − 4 =   17 − 6 =
17 − 3 =   15 − 3 =   11 − 0 =

18 − 2 − 1 =

❾ 17 − 1 − 1 =   ❿ 15 − 0 − 5 =
14 − 3 − 0 =   18 − 3 − 4 =
16 − 1 − 3 =   19 − 2 − 2 =

Addieren und Subtrahieren bis 20 ohne Zehnerüberschreitung

❶ 19 − 1 = ☐
17 + 0 = ☐
18 − 7 = ☐
14 + 5 = ☐

❷ 13 + 5 = ☐
14 − 3 = ☐
2 + 17 = ☐
18 − 5 = ☐

❸ 19 − 4 = ☐
7 + 11 = ☐
16 − 4 = ☐
0 + 20 = ☐

❹ E →+5→ A
10	
11	
12	
13	

❺ E →−2→ A
17	
13	
16	
14	

❻ E →+4→ A
14	
11	
13	
15	

❼ E →−3→ A
16	
17	
18	
19	

❽ Auf einem Regal stehen 18 Flaschen.
Paul nimmt 3 Flaschen weg.
Wie viele Flaschen stehen noch auf dem Regal?

❾ Zerlege! 16 = 10 + ☐ + ☐
16 = 10 + ☐ + ☐

❿ Lege immer mit drei Münzen!

6 ct = ☐ ct + ☐ ct + ☐ ct
11 ct = ☐ ct + ☐ ct + ☐ ct
12 ct = ☐ ct + ☐ ct + ☐ ct
13 ct = ☐ ct + ☐ ct + ☐ ct

15 ct = ☐ ct + ☐ ct + ☐ ct
16 ct = ☐ ct + ☐ ct + ☐ ct
17 ct = ☐ ct + ☐ ct + ☐ ct
20 ct = ☐ ct + ☐ ct + ☐ ct

Addieren und Subtrahieren bis 20 ohne Zehnerüberschreitung

❶

```
0  1  2  3  4  5  6  7  8  9  10 **11** 12 13 14 15 16 17 18 19 20
```

11 + ☐ = 18

❷ 12 + ☐ = 16 **❸** 13 + ☐ = 18 **❹** 18 + ☐ = 19
15 + ☐ = 15   14 + ☐ = 15   11 + ☐ = 17
17 + ☐ = 19   19 + ☐ = 19   14 + ☐ = 16
11 + ☐ = 14   12 + ☐ = 17   16 + ☐ = 20

❺

```
0  1  2  3  4  5  6  7  8  9  10 11 12 13 14 15 16 17 18 **19** 20
```

19 − ☐ = 13

❻ 19 − ☐ = 16 **❼** 17 − ☐ = 13 **❽** 11 − ☐ = 10
16 − ☐ = 10   15 − ☐ = 11   19 − ☐ = 15
14 − ☐ = 14   20 − ☐ = 20   12 − ☐ = 11
13 − ☐ = 11   18 − ☐ = 14   16 − ☐ = 12

❾ 15 + ☐ = 19 **❿** 17 − ☐ = 15 **⓫*** ☐ + 1 = 18
17 − ☐ = 11   18 + ☐ = 18   ☐ − 8 = 11
13 + ☐ = 16   14 − ☐ = 10   ☐ + 6 = 17
15 − ☐ = 15   16 + ☐ = 19   ☐ − 3 = 13

Addieren und Subtrahieren bis 20 ohne Zehnerüberschreitung

8 + 5
8 + 2 = 10
10 + 3 = 13
8 + 5 = 13

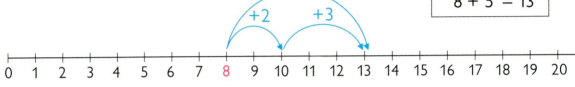

8 + 5 = 13

❶ 9 + 5   6 + 5   ❷ 5 + 6   6 + 6   ❸ 2 + 9   6 + 8
   8 + 8   9 + 4   7 + 7   3 + 8   6 + 7   7 + 6
   7 + 4   8 + 6   4 + 9   9 + 9   8 + 9   9 + 7

9 + 3 = 12
3 + 9 = 12

❹ 8 + 4   5 + 7   9 + 6   7 + 8   6 + 9
   4 + 8   ☐ + ☐   ☐ + ☐   ☐ + ☐   ☐ + ☐

❺ 8 + 3 = ☐   9 + 7 = ☐   2 + 9 = ☐   4 + 9 = ☐

Addieren mit Zehnerüberschreitung; Tauschaufgaben

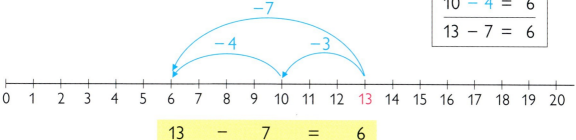

❶ 15 – 6   16 – 8   ❷ 13 – 4   11 – 8   ❸ 15 – 5   11 – 6
14 – 7   12 – 4   14 – 5   12 – 5   11 – 4   15 – 7
13 – 5   14 – 8   18 – 9   15 – 9   15 – 8   14 – 6

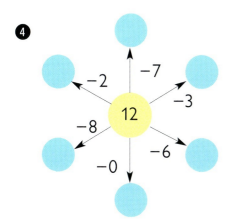
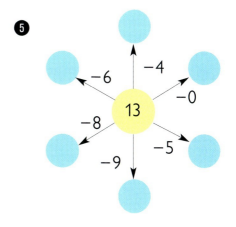

❻ 14 ⇄ (−9)   17 ⇄ (−8)   12 ⇄ 3   19 ⇄ 9

Subtrahieren mit Zehnerüberschreitung; Umkehraufgaben

❶

9 + 7 =
7 + 9 =
☐ − 7 =
☐ − 9 =

❷

☐ + ☐ = ☐
☐ + ☐ = ☐
☐ − ☐ = ☐
☐ − ☐ = ☐

❸ Immer 4 Aufgaben

❹ 5 + ☐ = 11
   3 + ☐ = 12
   7 + ☐ = 14
   9 + ☐ = 18

❺ 13 − ☐ = 9
   15 − ☐ = 8
   16 − ☐ = 8
   11 − ☐ = 9

❻* ☐ + 4 = 12
    ☐ + 6 = 15
    ☐ − 7 = 5
    ☐ − 5 = 6

❼ 8 + 5 < 15
   9 + 8 ○ 16
   20 − 3 ○ 17
   19 − 10 ○ 11

❽ 10 ○ 16 − 8
   12 ○ 3 + 9
   8 ○ 15 − 7
   17 ○ 12 − 5

❾* 3 + 4 ○ 11 − 3
    5 + 5 ○ 18 − 8
    17 − 0 ○ 9 + 9
    14 − 1 ○ 5 + 8

Addieren und Subtrahieren bis 20 mit Zehnerüberschreitung

❶
+	3	4	7	0	5
6					
9					

❷
−	4	1	9	7	8
15					
18					

❸ E →+4→ A
8	
6	
9	
7	
11	

❹ E →+8→ A
11	
9	
6	
7	
3	

❺ E →+7→ A
7	
5	
4	
	13
	20

❻ E →−6→ A
17	
11	
14	
15	
12	

❼ E →−9→ A
11	
16	
14	
17	
12	

❽ E →−5→ A
13	
11	
16	
	8
	9

❾ Immer 14   Immer 9   Immer 8

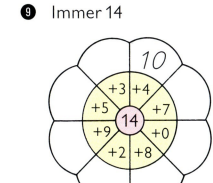
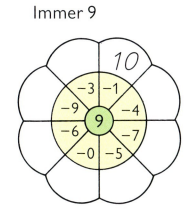
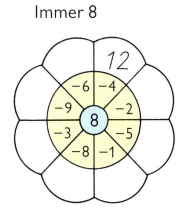

Addieren und Subtrahieren bis 20 mit Zehnerüberschreitung

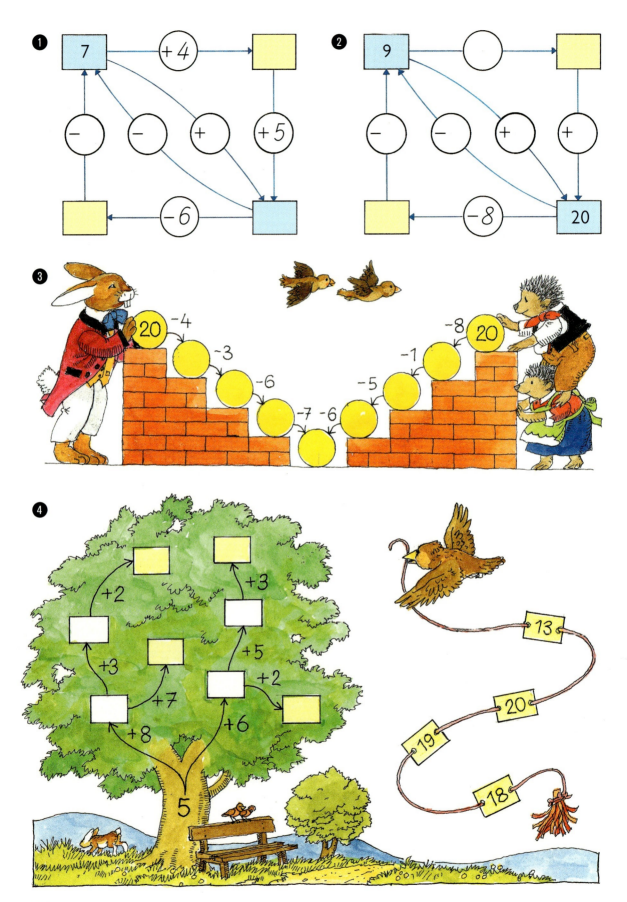

❶ 9 + ☐ < 12   ❷ 11 − ☐ > 7   ❸ 14 < 18 − ☐
   9 + ☐ < 12   11 − ☐ > 7   14 < 18 − ☐
   9 + ☐ < 12   11 − ☐ > 7   14 < 18 − ☐
                   11 − ☐ > 7   14 < 18 − ☐

❹ Ist das so richtig?
   5 + 6 > 12   8 + 7 < 16   13 < 6 + 8   19 > 20 − 1

❺

❻

Meine Zahl ist um 6 größer als 9.

Wenn ich von meiner Zahl 4 wegnehme, dann erhalte ich 7.

Addieren und Subtrahieren bis 20 mit Zehnerüberschreitung

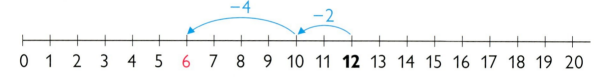

❶ 6 + 4 + 1 = ☐   9 + 1 + 5 = ☐   2 + 8 + 7 = ☐
   7 + 3 + 4 = ☐   5 + 5 + 8 = ☐   3 + 7 + 5 = ☐

❷ 8 + 6 + 2 = ☐   8 + 0 + 9 = ☐   4 + 6 + 6 = ☐
   7 + 1 + 4 = ☐   0 + 9 + 9 = ☐   5 + 1 + 5 = ☐
   9 + 3 + 1 = ☐   1 + 6 + 7 = ☐   1 + 7 + 9 = ☐

❸ 12 − 2 − 4 = ☐   17 − 7 − 1 = ☐   19 − 9 − 3 = ☐
   13 − 3 − 5 = ☐   14 − 0 − 6 = ☐   15 − 6 − 5 = ☐

❹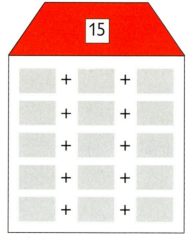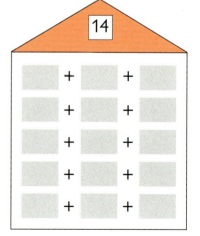

❺* 14 + ☐ + ☐ = 18   15 + ☐ + ☐ = 20   11 − ☐ − ☐ = 8
    14 + ☐ + ☐ = 18   15 + ☐ + ☐ = 20   11 − ☐ − ☐ = 8

Addieren und Subtrahieren bis 20 mit Zehnerüberschreitung

7 Kinder sind im Wasser. 4 Kinder spielen im Sand.
Wie viele Kinder sind es zusammen?

Erzähle Rechengeschichten!

9 + 5   12 − 4

7 + 7   15 − 8

*Addieren und Subtrahieren bis 20 mit Zehnerüberschreitung;
Erzählen von Rechengeschichten*

Geldwerte bis 20 €

1

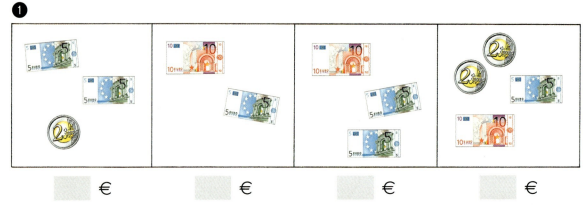

☐ €   ☐ €   ☐ €   ☐ €

2

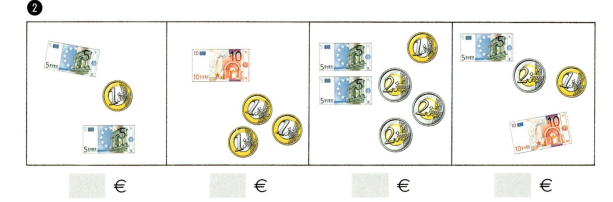

☐ €   ☐ €   ☐ €   ☐ €

3 8 € + 7 € = ☐ €   **4** 17 € − 5 € = ☐ €

 5 € + 9 € = ☐ €   12 € − 4 € = ☐ €

 6 € + 6 € = ☐ €   16 € − 8 € = ☐ €

 9 € + 4 € = ☐ €   14 € − 8 € = ☐ €

 12 € + 7 € = ☐ €   19 € − 9 € = ☐ €

Legen von Geldbeträgen;
Verwenden des Rechengeldes beim Rechnen mit Geldbeträgen

❶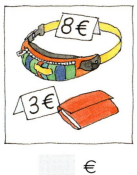

_____ €   _____ €   _____ €   _____ €

❷ Anna möchte damit bezahlen:

Ist es richtig, wenn Anna dieses Geld zurückbekommt?

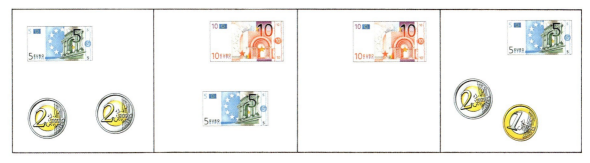

❸ Martin   Sven

Was können Martin und Sven mit ihren Münzen bezahlen?
Finde mehrere Möglichkeiten!

Verdoppeln

❶ Verdopple!

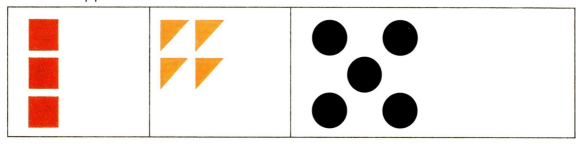

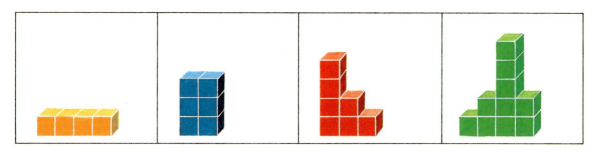

❷

	1	4	3	5	8	6	7	9	10
doppelt so viele									

Halbieren

❶ Halbiere!

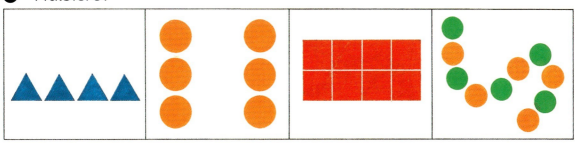

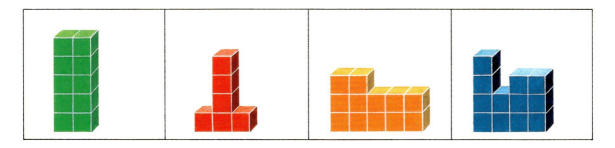

❷

	4	2	8	10	7	6	12	16	14	20
halb so viele										

Gerade und ungerade Zahlen

2, 4, 6, 8, 10, 12, 14, 16, 18, 20 sind **gerade** Zahlen.

1, 3, 5, 7, 9, 11, 13, 15, 17, 19 sind **ungerade** Zahlen.

❶

❷

❶ Wie viele Blumen würdest du in jede Vase stellen?

❷ Welche Ergebnisse sind gerade Zahlen?

3 + 3 =	8 + 8 =	14 − 7 =
3 + 4 =	8 + 5 =	13 − 9 =
3 + 7 =	8 + 6 =	17 − 11 =
13 + 5 =	18 + 2 =	20 − 6 =

Erkennen und Ermitteln gerader und ungerader Zahlen im Alltag und beim Rechnen

Dreiecke, Vierecke, Kreise

Dreiecke

Vierecke
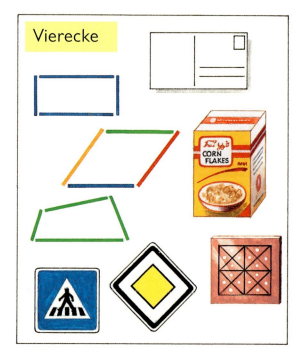

Kreise

❶ Lege mit Stäbchen diese Figuren!
Zeige Dreiecke und Vierecke!

 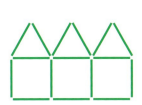 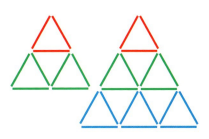

❷ Lege diese Muster!
Erfinde selbst neue Muster!

 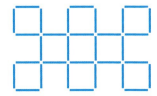 

❸ Lege diese 3 Figuren!

Nimm nun aus jeder Figur 2 andere Stäbchen weg!
Zeige und zähle Dreiecke und Vierecke!

Legen von Dreiecken und Vierecken;
Erkennen von Dreiecken und Vierecken in Figuren

❶ Lege mit Figuren aus!

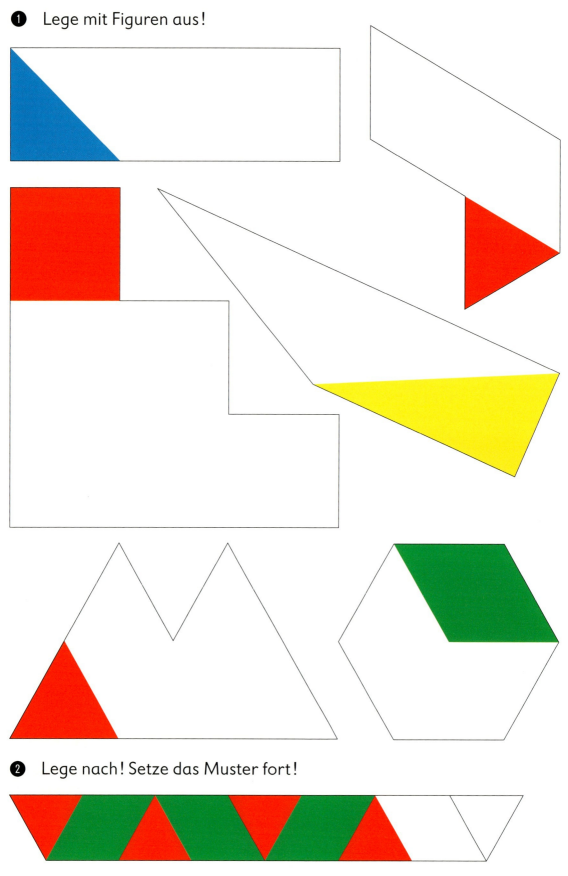

❷ Lege nach! Setze das Muster fort!

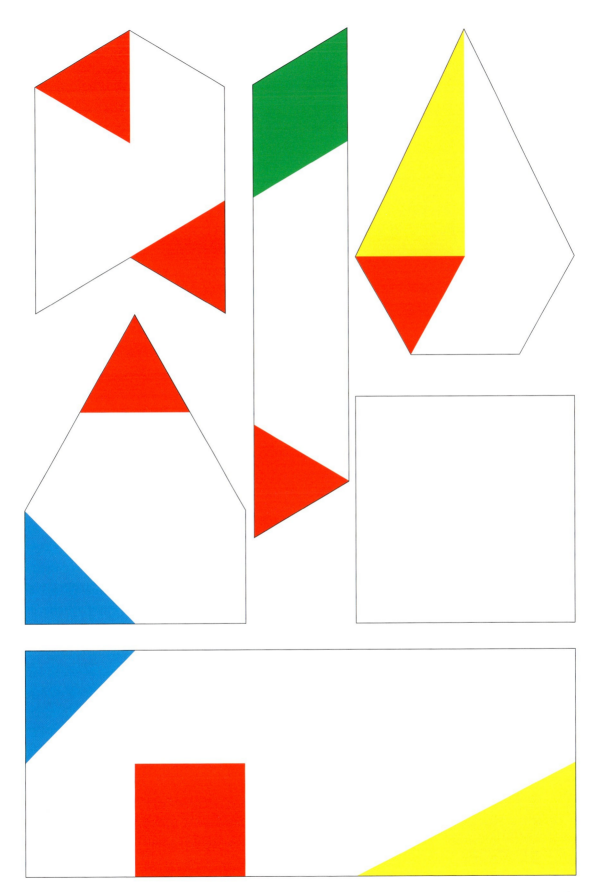

Auslegen mit Dreiecken und Vierecken

Würfel, Kugel

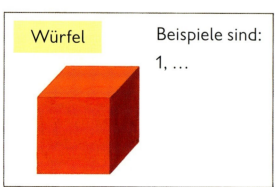

Würfel Beispiele sind: 1, …

Kugel Beispiele sind: 5, …

Erkennen und Benennen würfelförmiger und kugelförmiger Gegenstände

❶ Baue mit Würfeln!

❷ Wie viele Würfel könnten es sein?

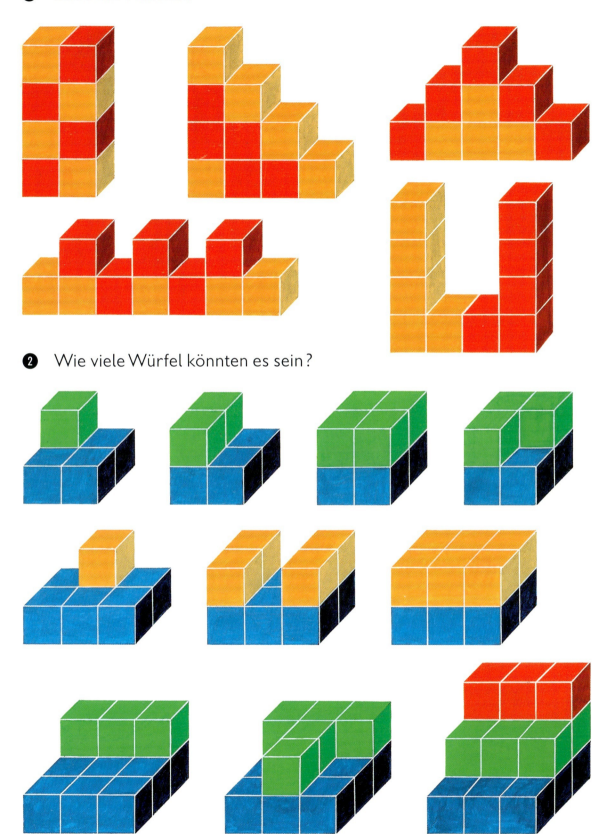

Die Zehnerzahlen bis 100

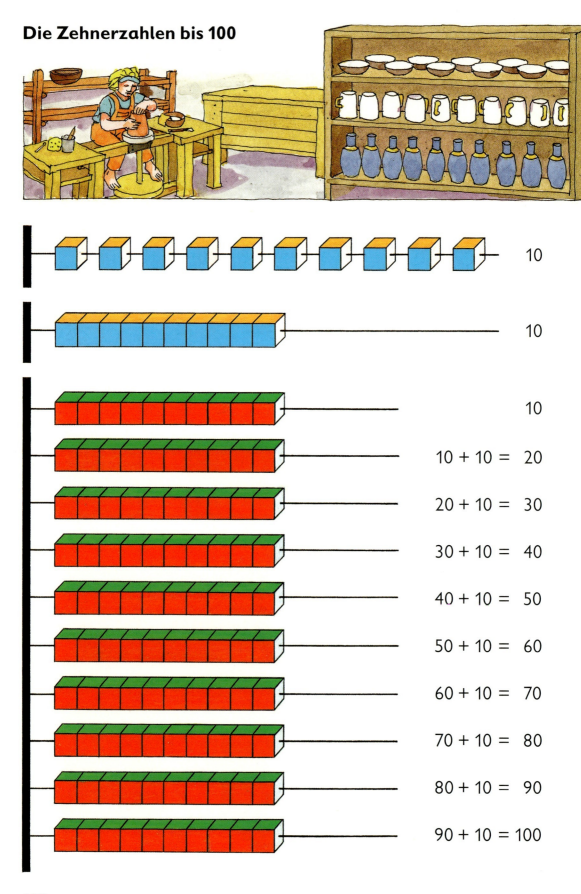

10

10

10
10 + 10 = 20
20 + 10 = 30
30 + 10 = 40
40 + 10 = 50
50 + 10 = 60
60 + 10 = 70
70 + 10 = 80
80 + 10 = 90
90 + 10 = 100

❶ Wie viele Stäbchen sind es?

❷ Wie viele Würfel sind es?

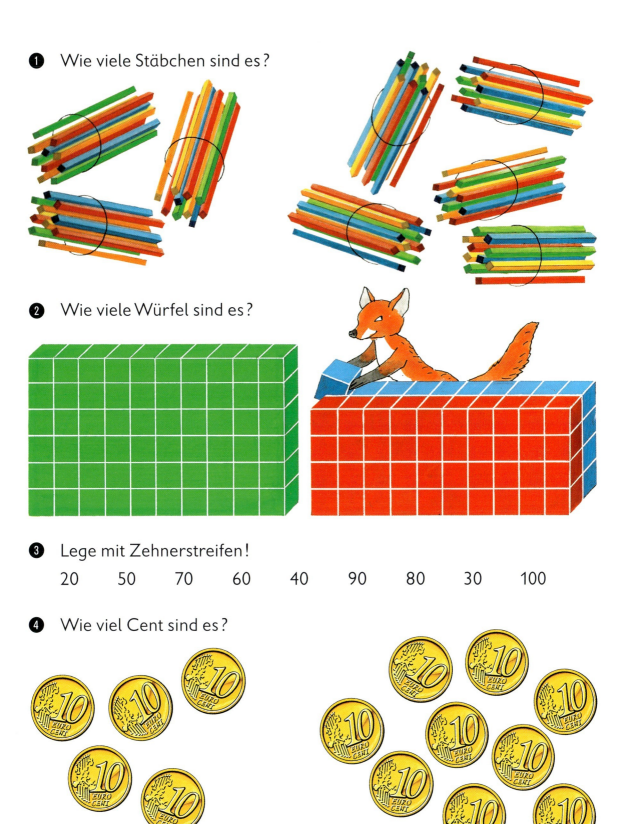

❸ Lege mit Zehnerstreifen!
20   50   70   60   40   90   80   30   100

❹ Wie viel Cent sind es?

❺ Lege mit Rechengeld!
10 ct,   30 ct,   60 ct,   20 ct,   50 ct,   70 ct,   40 ct,   90 ct

Vergleichen und Ordnen der Zehnerzahlen

10 < 30

❶ Lege mit Zehnerstreifen und vergleiche!

30 und 40   20 und 70   80 und 60   50 und 90
60 und 50   40 und 80   70 und 30   90 und 100

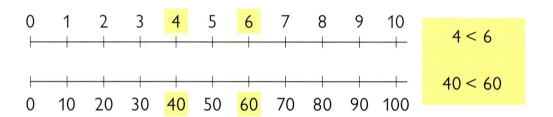

4 < 6

40 < 60

Vergleiche!

❷ 20 ○ 30   70 ○ 10   ❸ 30 ○ 50   80 ○ 20
60 ○ 40   80 ○ 90   10 ○ 100   100 ○ 70

❹ Ordne!
70, 40, 60, 20, 80   10, 100, 90, 30, 50

❺

Rechnen mit Zehnerzahlen

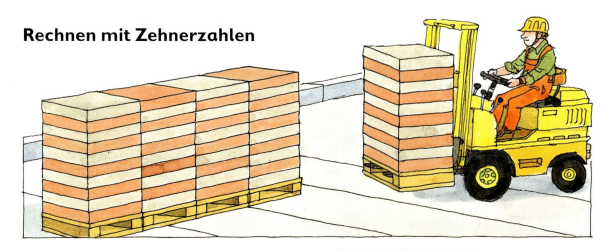

4 + 1 = 5
40 + 10 = 50

❶
20 + 10	50 + 20	40 + 40	10 + 80
40 + 30	60 + 30	50 + 50	30 + 70
70 + 10	40 + 50	90 + 10	40 + 60

3 − 1 = 2
30 − 10 = 20

❷
50 − 20	40 − 30	90 − 20	100 − 30
60 − 40	70 − 50	80 − 60	100 − 90
70 − 30	80 − 40	90 − 70	50 − 50

❸

+ 20   − 30

0 10 20 30 40 50 60 70 80 90 100

❹
| 10 + 40 = | 80 − 50 = | 70 + 20 = |
| 70 − 60 = | 20 + 80 = | 90 − 80 = |

❶ 80 + 10 = ☐   60 + 20 = ☐   30 + 70 = ☐
10 + 80 = ☐   ☐ + ☐ = ☐   ☐ + ☐ = ☐

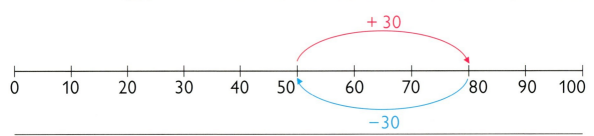

❷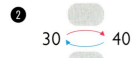

Bilde Gleichungen!

❸ 40, 40, 80
20, 70, 90

❹ 60, 10, 50
30, 0, 30

❺ 100, 20, 80
90, 60, ☐

❻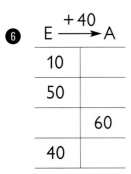

❼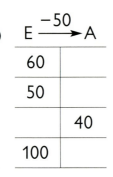

❽ Zerlege!

	80	
60	10	10

Meter

| ein Meter | 100 cm = 1 m |

❶ Wie viele Schritte brauchst du für 5 Meter?
Wie viele Fingerspannen brauchst du für einen Meter?
Erreichst du mit 5 Fußlängen einen Meter?

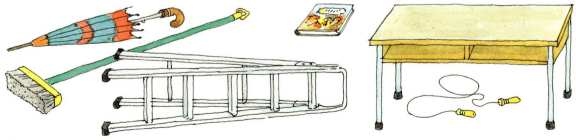

❷ Was ist länger als ein Meter? Nenne weitere Beispiele!

Alle Zahlen bis 100

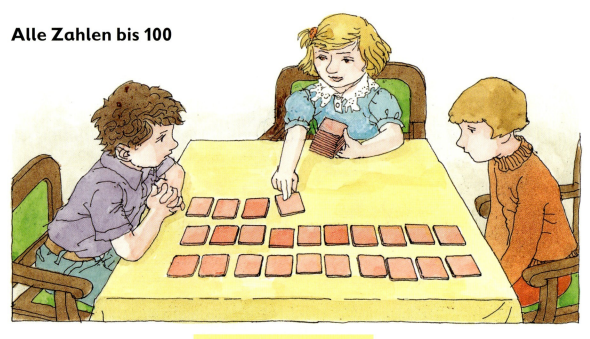

$$20 + 4 = 24$$
$$24 = 20 + 4$$

Opa
71 Jahre alt

Oma
63 Jahre alt

Vater
34 Jahre alt

Mutter
29 Jahre alt

Kind
7 Jahre alt

❶

1	2	3	4	5	6	7	8	9	10
11	12	13	14	15	16	17	18	19	20
			24						30
									40
									50
									60
									70
									80
									90
									100

❷ Zeige am Hunderterquadrat!

25, 46, 71, 33, 58, 62   22, 36, 83, 79, 47, 99

❶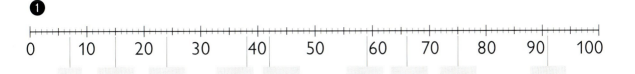

$$30 + 5 = 35$$

❷
	Z	E
35	3	5
72		
48		
63		
91		
50		

❸
	Z	E
52	5	2
	2	6
	8	0
	3	9
	4	1
	7	7

❹ Trage in eine Stellentafel ein! 15, 46, 98, 22, 71
56, 65, 33, 43, 87

❺ 43 = 40 + 3
71 = ___ + ___
29 = ___ + ___

❻ ___ = 30 + 6
___ = 80 + 8
___ = 50 + 7

❼ ___ = 20 + 7
___ = 60 + 3
___ = 90 + 5

❽ Zähle!
von 22 bis 30   von 56 bis 65   von 82 bis 77
von 35 bis 40   von 87 bis 99   von 63 bis 54
von 46 bis 52   von 99 bis 90   von 44 bis 33

Erkennen, Ermitteln und Darstellen von Zahlen bis 100;
Vorwärts- und Rückwärtszählen im Zahlenraum bis 100

Vergleichen und Ordnen der Zahlen bis 100

5 < 8
25 < 28

Vergleiche!

❶ 3 ◯ 6   7 ◯ 4   ❷ 5 ◯ 1   2 ◯ 9
  13 ◯ 16 27 ◯ 24   35 ◯ 31   52 ◯ 59
  43 ◯ 46 67 ◯ 64   85 ◯ 81   92 ◯ 99

 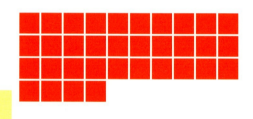

20 < 30
25 < 34

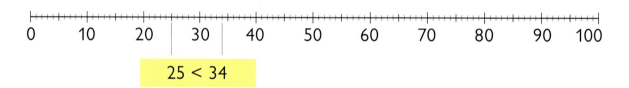

25 < 34

Vergleiche!

❸ 58 ◯ 38   43 ◯ 77   ❹ 55 ◯ 44   91 ◯ 19
  27 ◯ 77   60 ◯ 48   93 ◯ 88   72 ◯ 27

❺ Ordne! Beginne mit der kleinsten Zahl!
52, 43, 64, 35, 80   68, 74, 32, 11, 86

❻ Ordne! Beginne mit der größten Zahl!
38, 74, 40, 19, 66   13, 31, 79, 63, 50

Geldwerte bis 100 €

100 ct = 1 €

❶
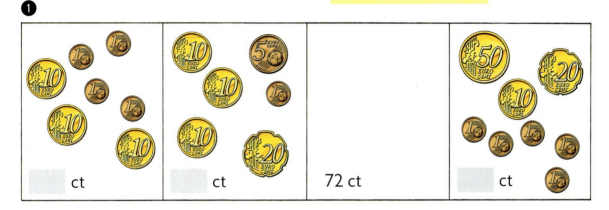

| ct | ct | 72 ct | ct |

Vergleiche!

❷ 32 ct ◯ 39 ct ❸ 44 ct ◯ 27 ct ❹ 88 ct ◯ 100 ct

75 ct ◯ 70 ct 66 ct ◯ 81 ct 1 € ◯ 95 ct

50 € = 50 €　　　　　　100 € = 100 €

❺ Lege mit Rechengeld! 60 €, 80 €, 25 €, 31 €, 52 €

Rechengeschichten erzählen; Bilden und Lösen von Aufgaben

Übung und Anwendung

1

Wie viele ?

Wie viele ?

Wie viele ● ?

2

Wie viele?

1   5

2   6

3   7

4   8

3

Mäuschen Piep ist   Monate alt.

Singvogel Hansi ist   Monate alt.

4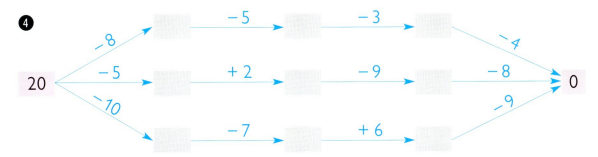

Rechne aus! Was fällt dir auf?

❶ 1 − 0 =
 5 − 2 =
 9 − 4 =
 13 − 6 =
 17 − 8 =

❷ 12 − 9 =
 14 − 8 =
 16 − 7 =
 18 − 6 =
 20 − 5 =

❸ 5 + 14 =
 4 + 16 =
 7 + 12 =
 5 + 15 =
 8 + 11 =

❹ 10 + 1 =
 9 + 2 =
 8 + 3 =
 7 + 4 =
 6 + 5 =

❺ 14 − 6 =
 13 − 5 =
 12 − 4 =
 11 − 3 =
 10 − 2 =

❻ 11 − 10 =
 10 − 8 =
 0 + 4 =
 15 − 7 =
 8 + 8 =

❼ 18 − 2 =
 17 − 9 =
 12 − 8 =
 11 − 9 =

❽ 14 − 9 =
 2 + 8 =
 20 − 5 =
 17 + 3 =

❾* 5 + 8 = 15 −
 6 + 6 = 16 −
 7 + 4 = 17 −
 2 + 8 = 18 −

❿ 7 + 8 =
 13 − 4 =
 11 − 5 =

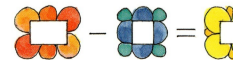

⓫ 18 − 9 =
 11 − 7 =
 17 − 4 =

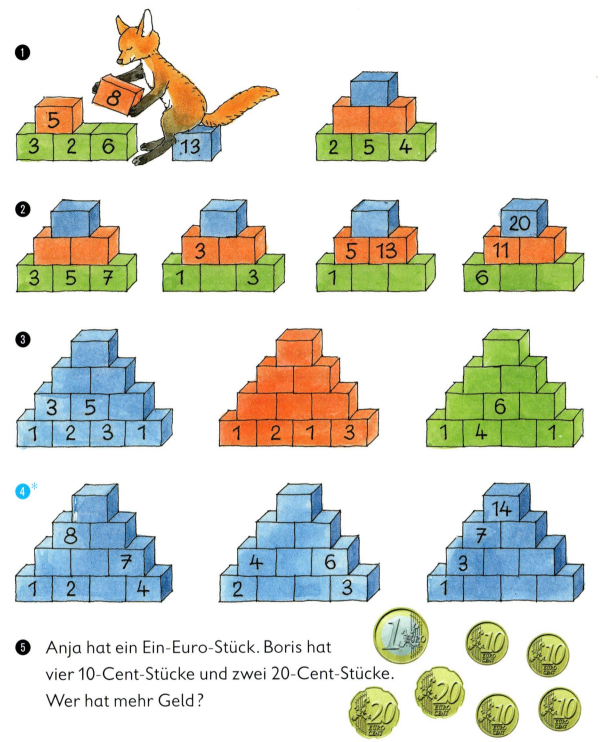

5 Anja hat ein Ein-Euro-Stück. Boris hat vier 10-Cent-Stücke und zwei 20-Cent-Stücke. Wer hat mehr Geld?

6 Cindy steckt ein Ein-Euro-Stück in einen Automaten, der Münzen wechselt. Welche Münzen könnte sie als Wechselgeld erhalten?

7* Tom ist 8 Jahre alt.
Er ist 2 Jahre älter als Ina und 3 Jahre jünger als Olaf.
Ina ist ▢ Jahre alt. Olaf ist ▢ Jahre alt.

Zahlmauern; Sachaufgaben

1 E →(+6) A

E	A
4	
7	
9	
12	
14	

2 E →(+8) A

E	A
3	
	14
6	
	16
9	

3 E →(−5) A

E	A
15	
12	
18	
10	
14	

4 E →(−7) A

E	A
13	
10	
	9
	7
16	

5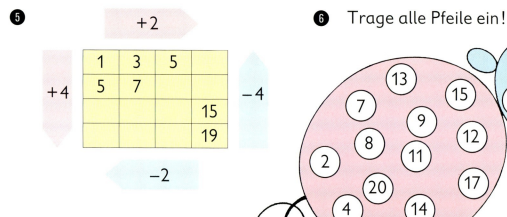

6 Trage alle Pfeile ein!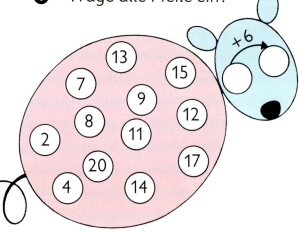

7 Rechne geschickt!

7 + 3 + 6 =   8 + 4 + 6 =   18 − 8 − 3 =
8 + 4 + 2 =   9 + 8 + 1 =   15 − 6 − 5 =
2 + 5 + 5 =   8 + 8 + 2 =   17 − 2 − 7 =

8* + oder − ?

2 + 3 **+** 4 = 9   9 + 6 ◯ 3 = 12   10 + 7 ◯ 3 = 20
8 + 7 ◯ 5 = 20   5 ◯ 3 − 2 = 6   17 ◯ 7 − 4 = 6

9* 9 + 4 + 3 =   8 + 5 + 2 =   12 ◯ 4 ◯ 4 =
9 + 4 − 3 =   8 + 5 − 2 =   12 ◯ 4 ◯ 4 =
9 − 4 + 3 =   8 ◯ 5 ◯ 2 =   12 ◯ 4 ◯ 4 =
9 − 4 − 3 =   8 ◯ 5 ◯ 2 =   12 ◯ 4 ◯ 4 =

❶

Würfele mit einem Würfel 30-mal!
Trage in eine Tabelle ein,
wie oft du jede Augenzahl
gewürfelt hast!

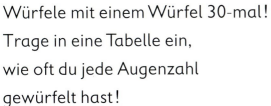

❷

Wirf eine Ein-Euro-Münze 20-mal!
Trage in eine Tabelle ein,
wie oft Zahl oder Wappen
oben liegen!

❸

Bildet mithilfe der 3 Ziffernkarten zweistellige Zahlen!
Wer findet die meisten zweistelligen Zahlen?
Ordnet die gefundenen Zahlen der Größe nach!
Wie heißt eure kleinste Zahl?
Wie heißt eure größte Zahl?
…

Entdeckungen

Unsere Klasse

Unsere Freizeit

1. Wer hat die meisten Bücher?
2. ....
....

Unsere Namen

1. Wer hat den längsten Vornamen?
2. Wie oft tritt jeder Vorname auf?

Unsere Schule

Unsere Schule

Wie viele 1., 2., 3. und 4. Klassen gibt es?

Wie viele Klassen sind es insgesamt?

Unsere Schule

Wie viele Fenster hat unsere Schule?

Welche Formen haben die Fenster?

Erkunden, Erfassen und Auswerten von Angaben

Inhalt

Grunderfahrungen 2–9

Lagemöglichkeiten – Sortieren –
Zuordnen – Vergleichen von Mengen

Die Zahlen bis 6 10–31

Die Zahlen 1 bis 6 – Vergleichen der Zahlen 1 bis 6 –
Addieren bis 6 – Subtrahieren bis 6 – Die Zahl 0 –
Addieren und Subtrahieren bis 6

Die Zahlen bis 10 32–61

Die Zahlen 7 bis 10 – Vergleichen der Zahlen bis 10 –
Vorgänger und Nachfolger einer Zahl – Der Zahlenstrahl –
Ordnungszahlen – Addieren bis 10 – Subtrahieren bis 10 –
Addieren und Subtrahieren bis 10 – Tauschaufgaben –
Umkehraufgaben – Addieren und Subtrahieren bis 10

Größen 62–65; 69
90; 91; 107; 111

Geldwerte bis 10 ct – Geldwerte von 1 € bis 10 € –
Zentimeter – Geldwerte bis 20 € – Meter –
Geldwerte bis 100 €

Die Zahlen bis 20 .... 70–89; 92–95

Die Zahlen 11 bis 20 – Vergleichen und Ordnen der Zahlen
bis 20 – Addieren und Subtrahieren bis 20 – Verdoppeln –
Halbieren – Gerade und ungerade Zahlen

Geometrie 66–68; 96–101

Gekrümmte und gerade Linien – Strecken –
Dreiecke, Vierecke und Kreise – Würfel, Kugeln

Die Zahlen bis 100 .... 102–106; 108–110
112–118

Die Zehnerzahlen bis 100 – Vergleichen und Ordnen der
Zehnerzahlen – Rechnen mit Zehnerzahlen – Alle Zahlen bis
100 – Vergleichen und Ordnen der Zahlen bis 100

7* Aufgaben mit einem Stern sind schwieriger als die anderen Aufgaben.

Dieses **Lehrbuch** gehört zur Reihe „ICH RECHNE MIT!"
des Verlages Volk und Wissen, Berlin.
Das Buch wird ergänzt durch:
Arbeitsheft „ICH RECHNE MIT!" – Klasse 1 und
Übungsheft „ICH RECHNE MIT!" – Klasse 1.
Methodische Hinweise für den Einsatz dieses Buches sind im
Lehrerband „ICH RECHNE MIT!" – Klasse 1, ISBN 3-06-002069-8,
enthalten.
Jedem Buch liegen Arbeitsmaterialien aus Karton bei. Diese können auch gesondert
vom Verlag bezogen werden (Bestellnummer für 10 Exemplare im Beutel:
ISBN 3-06-000177-4).

Redaktion: Ingrid Fabian, Susanne Lisner

Dieses Werk ist in allen seinen Teilen urheberrechtlich geschützt.
Jegliche Verwendung außerhalb der engen Grenzen des Urheberrechts bedarf der
schriftlichen Zustimmung des Verlages.
Dies gilt insbesondere für Vervielfältigungen, Mikroverfilmungen, Einspeicherung
und Verarbeitung in elektronischen Medien sowie für Übersetzungen.
Dieses Werk folgt der reformierten Rechtschreibung und Zeichensetzung.
Währungsangaben erfolgen in Euro.

Volk und Wissen im Internet

ISBN 3-06-000169-3

1. Auflage
5 4 3 / 04 03
Alle Drucke dieser Auflage sind im Unterricht parallel nutzbar.
Die letzte Zahl bedeutet das Jahr dieses Druckes.
© Volk und Wissen Verlag GmbH, Berlin 2000
Printed in Germany
Satz: TOgDÁ Communications GmbH, Magdeburg
Reproduktionen: City Repro, Berlin
Druck und Binden: Universitätsdruckerei H. Stürtz AG, Würzburg
Einband und Illustrationen: Eberhard Binder
Typografie und Zeichnungen: Karl-Heinz Wieland

Fotos: Horst Theuerkauf (S. 37); Hans Blümel (S. 37, Vogel); Dirk Borho (S. 56, 58,
63, 65, 99); Sebastian Banse (S. 78)